Un cri dans la nuit

Daniel Morgaut

C L E
international
27, rue de la Glacière – 75013 Paris
Vente aux enseignants :
16, rue Monsieur-le-Prince – 75006 Paris

Illustrations
Marc DUBOIS HODGKINSON

Conception graphique
FAVRE et LAÏK

Réalisation P.A.O.
Nicole PELLIEUX

Couverture
F. HUERTAS pour HUPPÉ

Édition
Françoise LEPAGE

© CLE international, Paris 1991. ISBN 2.19.031951.3

Jean d'Orval est un jeune chercheur du Centre national de la recherche scientifique. Un après-midi du mois de mai, alors qu'il est chez lui en train d'étudier un rapport, la sonnerie du téléphone se fait entendre. Sans se presser, il décroche.

— Allô, Jean ?

La voix est celle de son ami Marc.

— Ah, Marc ! Il y a longtemps que je n'ai pas eu de tes nouvelles.

— C'est vrai, excuse-moi. Je t'appelle de mon île en Vendée*...

— Ça alors! Que fais-tu là-bas ?

— Je continue mon roman, dit Marc. Tu sais, celui dont je t'ai parlé. Et j'avais besoin de calme pour écrire.

— Oui, je m'en souviens parfaitement, répond Jean. Mais ce n'est pas une raison pour me laisser sans nouvelles.

— J'ai presque terminé, lance Marc, ignorant la remarque, mais ce n'est pas le problème. Il se passe ici des choses bizarres…

— Quelles choses ?

— Écoute, je ne peux rien te dire par téléphone. Viens me rejoindre au plus vite !

— Sois plus clair, s'impatiente Jean. Et puis, tu sais, j'ai beaucoup de travail en ce moment.

La voix de Marc devient suppliante :

— C'est très important, crois-moi. Il faut que tu viennes. Si mes souvenirs sont bons, tu as enquêté autrefois sur des phénomènes inexplicables ?

— C'est exact.

— Alors, je t'en prie, viens, insiste Marc. Tu ne seras pas déçu.

— D'accord, je vais faire mon possible, déclare Jean. Le temps de m'organiser et je te téléphonerai pour t'annoncer l'heure et le jour de mon arrivée.

— Merci, mon vieux*. Je te promets du fantastique.

— Tant mieux* et à bientôt !

❀ ❀ ❀

Quelques jours plus tard, Jean d'Orval se retrouve à la gare Montparnasse : il a fait le nécessaire pour se rendre libre. Il a réservé sa place dans le TGV Atlantique pour 11 h 10. Ensuite, il a prévenu Marc de son arrivée et préparé ses valises. D'un regard, il consulte sa montre : 10 h 30. Parfait, il a le temps d'acheter un journal et de prendre une boisson. Avant cela, il achète son billet pour Nantes ; puis, tout en buvant un café, il tourne et retourne dans sa tête ce que Marc lui a dit : « Je te promets du fantastique. » Qu'est-ce que cela signifie ? Allez comprendre ! Plus tard, dans le train qui l'emporte à toute vitesse, il y réfléchit encore.

Ce voyage n'en finit pas, car après il doit attendre le seul bac qui assure la liaison avec cette île minuscule et isolée. Puis, une fois débarqué, il faut encore prendre un car. Une mauvaise route, avec de nombreux virages, traverse un paysage sauvage mais assez beau : petites maisons aux toits de tuiles rouges, marais salants* aux monticules* de sel, quelques forêts de pins, et surtout l'océan dont l'odeur forte vous prend à la gorge.

La voix du conducteur se fait entendre : « Les Quatre Fées !* » Jean se dépêche de descendre du car, une valise dans chaque main.

Sur le bord de la route, Marc est là, le visage grave.

— Bonjour ! Tu as fait bon voyage ?

— Si l'on veut. Trop long pour moi, répond Jean.

— Excuse-moi, mais j'avais absolument besoin de ta présence.

— Tu vas m'expliquer ce qui se passe !

— Depuis quelque temps, les villageois sont devenus étranges, raconte Marc : ils ont un air bizarre, le regard vague et disent des choses sans queue ni tête*. Quand ils sortent de chez eux, et ils ne sortent pas souvent, ils marchent tels des automates*. On dirait qu'ils sont envoûtés*, précise-t-il toujours aussi grave, c'est extraordinaire !

— As-tu cherché une explication à ce phénomène ? demande Jean, intéressé.

— Bien sûr ! s'exclame Marc. Mais sans résultats, je n'y comprends rien.

Tout à coup, ils arrivent devant une grande maison d'un étage, semblable à celles de la région. Elle a de nombreuses fenêtres, certaines sont très hautes, d'autres plus petites. Tout autour, des pins, de la lavande*, du mimosa*, chantent en silence la nature.

— Entre ! Je vais te faire visiter, dit Marc d'un ton maintenant joyeux.

— Je te suis.

Jean dépose d'abord ses valises au rez-de-chaussée. Celui-ci se compose de trois pièces, d'une salle de bains et d'une cuisine. Puis il suit Marc au premier étage où l'on accède aux chambres par un couloir. Il y en a quatre, dont l'une est un ancien grenier. Dans le couloir, une double fenêtre permet de voir la partie du jardin qui se trouve devant la maison. Des meubles et des objets utilitaires occupent les pièces.

— Quel calme ! murmure Jean.

— Oui, c'est parfait pour écrire.

C'est alors qu'un long cri, un cri de bête, se fait entendre. Un cri horrible qui fait dresser les cheveux sur la tête des deux amis.

— Tu entends ? demande Jean d'une voix tremblante. Qu'est-ce que ça peut bien être ?

— Je ne sais pas, allons voir !

Ils descendent en vitesse les escaliers et sortent rapidement.

— Par ici ! dit l'un.

— Non, par là ! répond l'autre.

Ils se mettent finalement à courir sur la gauche de la maison. Montant sur les dunes*,

ils s'arrêtent face à l'océan. La mer est grosse
de ses vagues, la plage est déserte, personne
en vue.

— Ce n'était pas un animal, dit Jean. À
ce qu'il me semble...

— Oui, tu as raison. Mais alors ?

— Alors, je ne sais pas ce que ça peut
être.

— Il vaut mieux rentrer, décide Marc.

— Oui ...

Jean est pensif, le cri résonne encore à ses
oreilles.

❊ ❊ ❊

La soirée est calme, ils dînent dans la salle à manger et discutent de ce qui vient de se passer. Marc a préparé un repas simple : une omelette, de la salade, du fromage et des fruits. Un vin de la région complète le menu.

— Excellent ce vin ! dit Jean.

— Vrai ? Je suis content que tu l'aimes, répond Marc. J'en ai commandé vingt bouteilles.

— Bonne idée !

— Ce soir, c'est la pleine lune, rappelle Marc. La lune rousse du mystère.

Ils se mettent à rire. Puis, après le repas, ils sortent faire une promenade. La nuit les enveloppe de son manteau sombre, la lune et les étoiles jouent avec les nuages noirs. Au loin, des bruits difficiles à reconnaître se font entendre. Les arbres prennent vie, on dirait des visages inquiets, des personnages silencieux et tristes.

Marc et Jean traversent les bois, retrouvent la plage toujours déserte et s'arrêtent au bord de l'océan.

— Brrr..., fait Marc qui a froid tout à coup malgré la douceur du temps.

— Que se passe-t-il ? Jean le regarde, inquiet.

— Je ne sais pas. Je ne suis pas tranquille.

— Moi non plus.

C'est alors que le cri d'horreur entendu l'après-midi perce la nuit.

Ils se mettent à courir dans sa direction mais il n'y a personne.

— C'est le même cri, dit Marc.

— Oui, ça ne fait aucun doute.

— Que faisons-nous ?

— Rentrons ! suggère Jean. Il n'y a rien par ici.

— Tu as raison ! Demain, nous irons à la gendarmerie. Les gendarmes sont souvent au courant de beaucoup de choses. Ils nous aideront dans notre enquête.

— C'est leur travail. Allez, viens ! Je suis fatigué, je voudrais me coucher tôt.

Lentement, ils marchent vers la villa, assez nerveux l'un et l'autre. Ils regardent autour d'eux, mais le calme est revenu. Aussitôt rentrés, ils font leurs lits et se souhaitent bonne nuit.

— À quelle heure veux-tu te lever ? demande Marc.

— À 9 h. Nous ne devons pas perdre de temps.

❧ ❧ ❧

Le lendemain, les deux jeunes gens prennent la voiture de Marc pour se rendre à la gendarmerie, à quatre kilomètres de là. En route, ils croisent des gens qui marchent en regardant droit devant eux, l'air absent. On les dirait isolés dans leur monde.

— Depuis combien de temps ça a commencé ? demande Jean.

— Un mois, répond Marc. Tout le monde est devenu comme ça. Les uns après les autres.

— Pourquoi pas toi ?

— Si je pouvais répondre à ta question ...

Ils s'arrêtent enfin devant un grand bâtiment. C'est la gendarmerie. Peu après, ils entrent dans une pièce vide. Ils appellent pour attirer l'attention, mais tout est silencieux.

— Les gendarmes sont tous occupés ? interroge Marc.

— Montons, dit Jean en montrant du doigt l'escalier.

Tous deux pressentent* quelque chose de grave. Normalement, un gardien devrait se trouver en bas. En haut du large escalier, ils découvrent plusieurs portes.

— Laquelle ouvrir ? dit Marc.

— Ouvrons-les toutes, on verra bien.

Ils les ouvrent l'une après l'autre, mais il n'y a personne. Les gendarmes sont introuvables. De plus en plus étonnés, Marc et Jean regardent autour d'eux. Au fond d'un couloir, quelques marches conduisent à une autre pièce. C'est là que se trouvent les gendarmes : assis sur le sol, ils jouent avec des jouets d'enfants et rient en silence, le regard vide.

— Alors, eux aussi sont atteints par ce mal mystérieux ! s'exclame Marc.

— C'est à se demander si c'est eux qui sont fous, ou bien nous.

De retour chez eux, Marc et Jean réfléchissent : qui pourrait bien les aider à comprendre ce qui se passe ? Une pensée traverse l'esprit de Marc :

— Il y a bien la mère Denise ...

— Qui est-ce ?

— Une femme de l'île qui connaît beaucoup de choses. On la dit un peu sorcière.

— Si elle n'a pas cette inquiétante maladie, elle aussi ! remarque Jean.

— Nous le saurons en allant la voir.

— Où habite-t-elle ?

— Pas loin d'ici.

— Alors, allons-y tout de suite !

✻ ✻ ✻

Une demi-heure plus tard, ils s'arrêtent devant une maison à moitié cachée par un haut mur. Ils sonnent à la porte et une femme âgée vient leur ouvrir.

— Vous désirez ?

— Bonjour. Madame Denise s'il vous plaît ?

— C'est moi. Vous êtes étranger au pays, vous ?

Ses petits yeux sombres les observent.

— Oui, répond Marc, mais je viens ici depuis longtemps. J'ai une villa aux « Quatre Fées ».

— Je vois. Vous cherchez à comprendre ce qui arrive aux gens de l'île. On ne peut rien me cacher, soyez-en sûrs.

Jean approuve de la tête.

— Alors, vous savez sans doute quelque chose ?

— Entrez, vous boirez bien un verre ? propose la mère Denise.

Quelques minutes plus tard, tous trois bavardent en buvant un excellent vin. Denise explique qu'un sorcier a jeté un mauvais sort* aux gens de l'île. Le père François, c'est son nom, les déteste car il les croit responsables de la mort de sa fille Josette. Celle-ci a été victime d'un accident ou s'est suicidée*, on ne sait trop. On l'a trouvée morte, noyée*. Josette aimait la vie, elle était gaie.

Un jour, elle a connu Germain. Ce fut le grand amour, ils ne se quittaient plus. Seulement, les parents de Germain n'étaient pas d'accord. Le père François a trop mauvaise réputation. Ils interdirent à leur fils de voir Josette. Peu après, la jeune fille mourait. On retrouvait son corps sur la plage. Alors, le père François jura de se venger. « Assassins ! criait-il. Je suis fou de douleur, mais bientôt vous serez fous pour toujours. Malheur à vous, criminels ! »

— Il faut que vous partiez, ajoute Denise. S'il ne vous est encore rien arrivé, c'est parce que vous n'êtes pas d'ici. Si vous continuez vos recherches, vous serez en danger.

Jean a un sourire:

— Et vous ? Vous ne pensez pas être en danger ?

— Non, nous sommes forts tous les deux. Il ne prendra pas le risque de se battre avec moi.

— Je regrette, nous allons continuer. On ne peut pas abandonner les gens dans cet état.

— Je suis de cet avis, approuve Marc.

— Soyez prudents. Moi, il m'est impossible d'intervenir directement pour des raisons que je ne peux pas vous dire. Aussi, je vais vous donner ma protection.

Elle sort un moment et revient avec, à la main, un petit morceau de métal. Dessus, un dessin étrange : c'est une figure géométrique. « Le sceau de Salomon », explique Denise.

Marc hausse les sourcils :

— Qu'est-ce que c'est ?

— C'est un talisman leur dit la vieille femme. Il va vous protéger des mauvais esprits*.

Marc et Jean ont envie de rire, mais ils ne veulent pas vexer* Denise. Ils la remercient et s'en vont.

Une fois dans la voiture de Marc, les jeunes gens se disputent. Jean veut jeter le bout de métal, il ne croit pas au pouvoir de cet objet. Marc n'est pas d'accord ; si lui aussi est sceptique, il veut garder l'objet par précaution :

— On ne sait jamais, dit-il, ça peut servir.

Et il le fourre dans la poche de son pantalon.

✽ ✽ ✽

Les jours suivants, rien ne se produit. Les villageois sont toujours aussi bizarres et l'enquête ne donne pas de résultats. Un soir pareil aux autres, Jean propose à Marc d'aller sur la plage.

— Il me semble qu'il va se passer quelque chose...

— Pourquoi dis-tu cela ?

— Je ne sais pas... une impression*, c'est tout.

— Vas-y seul, répond Marc d'un ton las. Je me sens fatigué.

Jean n'insiste pas. Il sort et se dirige vers l'océan. La lune est magnifique, les étoiles brillent, pareilles à des yeux d'or. Quelques nuages glissent dans le ciel. Un vent léger lui caresse le visage. En haut des dunes, Jean contemple le spectacle à ses pieds : une lueur rose éclaire le mouvement des vagues et le bruit du ressac* monte jusqu'à lui.

Il descend sur la plage et marche vers le phare* : on appelle cet endroit « La pointe du Devin » car autrefois, dit-on, les sorcières s'y réunissaient. Jean marche et réfléchit à ses enquêtes anciennes : les bruits mystérieux dans certaines maisons, les jets de pierres inexplicables, les objets qui changent de place... Que d'aventures pour l'homme de science qu'il est !

Jean marche et le phare de la pointe l'invite à continuer. Tout à coup, il voit courir une silhouette dans sa direction. Elle court à grandes enjambées* ridicules. À cette distance, il ne peut dire si c'est un homme ou une femme. Quand elle se trouve assez près de lui, un grand froid l'envahit soudain et ses cheveux se dressent sur sa tête : la silhouette n'a rien d'humain ; c'est une ombre noire sans visage, ni pieds, ni mains, qui flotte dans la nuit. Brusquement, elle se met à hurler et Jean reconnaît le cri.

Il s'enfuit à toute vitesse, il monte sur les dunes, traverse un bois de pins, court sur le chemin, poursuivi par l'horrible chose. Il arrive enfin sur une route, à un croisement. Là, il hésite : à droite ou à gauche ? Et ce cri qui se rapproche, qui se rapproche encore... Prêt à faire face, malgré sa peur, Jean se retourne.

C'est alors qu'un grand chien noir, venu de nulle part, bondit avec un grondement sourd* et saute sur son poursuivant ; un combat féroce* s'engage entre eux. Rapidement le chien a le dessus* et le fantôme s'enfuit dans la nuit.

Jean regarde le chien et le chien le regarde. Il est surpris par ses yeux à l'expression presque humaine, mais il n'a plus peur. L'animal est rassurant : n'est-il pas venu à son secours ? Doucement il tend la main pour une caresse. Le chien bondit en arrière, ne se laisse pas toucher. Jean lui parle doucement :

— Écoute ! Tu m'as sauvé la vie. Sans toi, je ne sais pas ce qui serait arrivé. Accepte mon amitié, je ne te veux aucun mal.

Le chien continue à le regarder, mais à chaque fois que Jean tend la main, il s'écarte. Après s'être orienté, Jean part vers la droite, reconnaissant la bonne route. L'animal le suit jusqu'à la villa de Marc puis disparaît. Jean va se coucher aussitôt. La maison est silencieuse, Marc est endormi. Au moment de se glisser dans les draps, il entend dans le lointain un cri désespéré. « Heureusement, Marc dort », se dit-il, avant de sombrer doucement dans le sommeil.

* * *

Le lendemain ils prennent leur petit déjeuner ensemble. Jean est en train de raconter son aventure de la nuit quand ils aperçoivent un homme par la fenêtre. Il est de taille moyenne, a les cheveux blancs et d'épais sourcils. Marc se lève et va lui ouvrir.

— Vous désirez ? demande-t-il.

— Bavarder, seulement bavarder. Pour l'instant…

— Qui êtes-vous ?

— On m'appelle François dans l'île. Je suis connu, vous savez !

— Oui, nous savons qui vous êtes, dit Jean. Le responsable de tout ceci.

Les sourcils se lèvent.

— Vous croyez ? Chacun récolte ce qu'il sème*. Mais je vais vous donner un conseil :

Partez ! Partez vite pendant qu'il en est encore temps. C'est un conseil utile. Sinon...

— Sinon quoi ? demande Marc.

— Je ne vous veux aucun mal, mais je peux changer d'avis.

— Vous ne nous faites pas peur, dit Jean. À notre tour de vous donner un conseil : laissez ces pauvres gens tranquilles. Ce que vous faites est un crime, nous vous empêcherons de continuer.

La bouche du sorcier s'ouvre sur un sourire qui laisse voir quelques dents.

— Ah, ah, des menaces* ! Alors, à vos risques et périls*... Quant à ces pauvres gens, comme vous dites, ils sont la cause de la mort de ma fille. C'est le prix à payer. En partant, il ajoute :

— Soyez prudents, souvenez-vous de la nuit dernière...

Dès son départ, Marc se précipite dehors. Il voudrait continuer la conversation, mais le sorcier a disparu. Jean est pensif.

— Malgré ses paroles de mise en garde, il a peur, c'est certain.

— Que faisons-nous ?

— Trouvons sa maison. Ensuite, nous profiterons de son absence pour la visiter. À l'intérieur, il y sûrement le secret de tout ceci.

— Ce n'est pas dangereux ?

— Tout est dangereux. Il faut prendre des précautions, nous n'avons pas le choix.

Aussitôt dit, aussitôt fait. Ils commencent leurs recherches. Jean pense que le père François, qui semble vaniteux*, doit habiter une maison possédant des signes particuliers. Il ne se trompe pas. Après des heures de recherche, ils se retrouvent devant une grande bâtisse au nom mystérieux : « La forge de Vulcain* ». Avec ce nom écrit sur la porte, il y a deux serpents entrelacés.

— C'est sûrement ici, dit Jean.

— Oui ! Ce nom et les serpents... Mais comment savoir s'il est absent ?

— Facile ! Cachons-nous !

Ils se cachent derrière un gros arbre, puis Jean prend une pierre et la lance de toutes ses forces contre une vitre. Celle-ci se brise

avec un grand bruit. Personne ne bouge dans la maison.

— Allons-y ! lance Jean.

— Mais s'il revient à l'improviste* ?

— Tu as raison ! Pendant que je visite, tu vas faire le guet. S'il revient, tu siffles pour me prévenir.

— Mais il va m'entendre ?

— C'est vrai ! Sais-tu imiter le cri d'un animal ?

— Le miaulement du chat.

— Entendu ! Je compte sur toi.

— D'accord, dit Marc, qui n'est pas rassuré.

Tandis que Marc surveille, Jean escalade le mur. Ensuite, il ouvre la fenêtre en passant la main par le trou qu'il vient de faire et entre dans la maison. Il est accueilli par le silence. C'est le calme partout. Il se trouve dans la cuisine, des assiettes sales encombrent l'évier. Jean visite les pièces l'une après l'autre. Là, une chambre à coucher avec le lit défait ; là, un petit salon garni de fauteuils et d'une table basse où trônent quelques bouteilles ; ici, une salle de bains carrelée de rose. Partout, le même désordre, partout la même crasse. « Le ménage ne doit pas être fait souvent », songe Jean. Il monte un escalier, visite les pièces de l'étage. La plupart sont des chambres à coucher qui n'ont pas été occupées depuis longtemps. Sauf l'une d'elles.

Celle-ci semble habitée : des draps, une poupée et un ours en peluche sur le lit ; une table avec des livres et du papier à lettres, un coffre rempli de jouets et une penderie pleine de vêtements féminins, des robes de jeune fille. À l'évidence, c'est la chambre de Josette, la fille du sorcier, morte dans des conditions étranges. Ce qui frappe surtout, c'est la propreté car, ici, tout paraît avoir été nettoyé soigneusement. Il ne reste à Jean qu'à visiter la dernière pièce. Malheureusement, elle est fermée à clef. Comment l'ouvrir ? Il réfléchit un moment, prend son élan, puis s'élance pour la défoncer. Il ne réussit qu'à se faire mal à l'épaule. Regardant autour de lui, il ne trouve aucun objet pouvant servir. Peut-être qu'à la cave...

Redescendant quatre à quatre* au rez-de-chaussée, Jean découvre un escalier étroit, plongeant dans les profondeurs de la maison et parvient à une salle au plafond bas qui contient un véritable bric-à-brac*. En cherchant un tournevis*, il aperçoit, dans un coin, une masse sombre : une cagoule et un long manteau noir. « Tiens, tiens, murmure-t-il. Voici qui explique l'ombre sans visage de l'autre nuit. Ce bandit est malin. » Il continue sa recherche et trouve enfin, dans une boite à outils, le précieux tournevis.

Remonté à l'étage, Jean démonte la serrure de la porte mystérieuse. Celle-ci s'ouvre aussitôt, et un véritable laboratoire apparaît devant lui : des cornues*, des flacons soigneusement étiquetés*, des tables encombrées d'appareils curieux. L'un d'eux, plus imposant, est muni de nombreux fils et boutons. Jean les manipule au hasard. Tandis qu'un son aigu sort de la machine, il sent un engourdissement* l'envahir ; des tambours résonnent sous son crâne à un rythme accéléré, des éclairs* brûlent ses yeux. Il réussit à se jeter sur l'engin, à arracher les fils. Le bruit cesse immédiatement ainsi que son malaise. Profitant de sa lucidité* retrouvée et saisi d'une rage immense, Jean brise tout ce qui lui tombe sous la main. Quand il s'arrête, un sourire détend son visage.

Il a le sentiment d'avoir rendu un grand service* à l'île. Mais, malgré cela, il regrette

la destruction d'un engin qui ne livrera jamais son secret. On aurait pu l'étudier, analyser ses effets néfastes*. Cependant, et il n'y a aucun doute là-dessus, cette machine devait être responsable du comportement des villageois. Jean est persuadé que s'il ne l'avait pas détruite, il serait devenu un zombie comme eux. Mais retrouveront-ils pour autant leur état normal ? On peut se poser la question. De toute façon il faut mettre le père François dans l'incapacité de nuire*, c'est-à-dire en prison.

Jean s'apprête à redescendre, lorsqu'il entend une porte claquer. Jurant* tout bas, il cherche un endroit où se cacher. Bon sang* ! Pourquoi Marc ne l'a-t-il pas averti ? Affolé, il regarde partout. Déjà des bruits de pas résonnent dans l'escalier. Jean se cache derrière une armoire.

Il était temps. Une silhouette se distingue dans la pièce : un silence pesant suivi d'un long cri de bête blessée. Un hurlement que Jean ne peut oublier. Le souvenir d'un fantôme et d'un chien noir venu à son secours. Jean a envie d'intervenir, mais il est seul contre un homme particulièrement dangereux. D'autre part, il est curieux de la suite des événements. Un bruit de course lui apprend le départ du sorcier. Il patiente encore un moment, puis se décide à sortir. Personne aux environs, à part Marc qui surgit de derrière un buisson.

— Tu devais me prévenir, lui reproche Jean. Tu es sourd et aveugle, ma parole !

— Mais je l'ai fait ! C'est toi qui n'as rien entendu ! Au lieu de me faire des reproches, tu ferais mieux de me raconter ce que tu as vu.

Alors Jean raconte ses découvertes, et surtout celle de la machine maudite.

— Sans blague ! s'exclame Marc. Ce n'est pas un sorcier, mais un inventeur.

— Tu parles ! Il a mis au point un instrument diabolique*. À mon avis, il doit avoir des connaissances techniques que beaucoup lui envieraient. Nous devons agir rapidement.

— C'est sûr, mais comment ?

— Si les gens ne sont plus sous l'influence de la machine infernale, les gendarmes non plus. C'est leur boulot d'arrêter les bandits et non le nôtre. Retournons les voir.

— Oui, filons d'ici, dit Marc, précipitamment. Ne nous attardons pas, le père François pourrait revenir.

Une fois rentrés chez eux, Marc et Jean élaborent un plan : d'abord informer la gendarmerie. Ensuite, essayer de parler avec les gens, les mettre au courant de ce qui s'est passé et les rassurer. Sur le chemin du retour, ils ont remarqué un changement des attitudes : la démarche plus assurée, l'air plus vif, les habitants donnaient l'impression de sortir d'un profond sommeil. Aucun n'avait adressé la parole aux deux jeunes gens, mais c'était normal, ils étaient les étrangers. On se méfie toujours un peu des étrangers.

— Mangeons un morceau, propose Marc. Les émotions, ça creuse.

— Bonne idée ! Ensuite nous agirons.

❄ ❄ ❄

Dans un bureau de la gendarmerie, Marc et Jean expliquent toute l'affaire à un gendarme bien éveillé. S'il a retrouvé sa lucidité, l'homme est sceptique. Il les contemple d'un air inquiet, doutant de leur raison.

— Vous ne vous souvenez de rien ? demande Jean.

— Eh, Brigadier, venez voir !

Le brigadier, corpulent et rougeaud, apparaît.

— Que se passe-t-il, Prosper ?

— Ces messieurs vont vous raconter leur histoire.

— Ce n'est pas notre histoire, proteste Marc. Vous avez tort de ne pas nous croire.

— Allons, du calme, dit le pandore*. Expliquez-vous !

Marc et Jean racontent, dans les moindres détails, leur aventure. Ils taisent seulement leur première visite aux gendarmes et l'état dans lequel ils les ont trouvés.

Le brigadier ouvre et ferme la bouche comme une carpe*. Il finit par dire doucement en hochant la tête :

— Je vois, je vois... Eh bien, Messieurs, l'affaire est claire. Ou vous êtes ivres, ou vous êtes fous. Dans les deux cas, nous allons prendre les mesures qui s'imposent.

Jean réagit violemment.

— Ne soyez pas idiot, crie-t-il en frappant du poing sur la table. Renseignez-vous, au moins, et agissez. Il faut faire vite sinon il va fuir.

Le brigadier rougit, l'air gêné :

— Nous pourrions... commence-t-il.

— Rien du tout, l'interrompt Marc, furieux lui aussi. Nous nous passerons de vos services.

— Attendez ! dit le gendarme avec un geste apaisant*, nous allons vérifier.

— C'est ça, vérifiez, lance Jean en entraînant Marc dehors.

Une fois dans la voiture, il explose* :

— Tu te rends compte, ils voulaient nous faire souffler dans le ballon*.

— Ou nous faire enfermer pour cause de folie. Ils nous croient cinglés.

— Remarque, murmure Jean ayant retrouvé son calme. Il y a de quoi, non ?

— C'est possible. Moi-même, je me demande si je ne fais pas un mauvais rêve.

❊ ❊ ❊

Une demi-heure plus tard, Marc et Jean sont attablés devant une bière dans un café du port. Quelques pêcheurs discutent avec animation. L'ambiance est radicalement différente de celle rencontrée au cours des heures précédentes. La vie habite les visages, anime les yeux.

— Formidable ! s'exclame Marc. Ils se comportent normalement. Tu as détruit le mauvais génie* qui les emprisonnait. Tu mériterais une médaille*.

— N'exagère pas. Et puis, l'inventeur court toujours.

— Bof... Il n'est pas loin et ses instruments sont hors d'usage. Ses pouvoirs sont réduits à présent. Que veux-tu qu'il fasse ?

— On ne sait jamais avec ce genre d'individu. Il a plus d'un tour dans son sac*.

— Tu parles d'un sorcier ! C'est plutôt un savant non ?

Jean a un sourire.

— Pour la plupart des gens, la magie est ce domaine que la science n'explique pas. Quand nous autres scientifiques trouvons les réponses, le merveilleux perd du terrain*.

— Mais la science a un aspect magique, tu ne crois pas ?

— Si, bien sûr. Par exemple, la nature a permis le corps humain, machine complexe et extraordinaire. Pareil en ce qui concerne les animaux dont les facultés nous étonnent parfois. La nature est un immense laboratoire.

Marc hausse les épaules.

— Bien, professeur, ironise-t-il. Mais, la machine que tu as détruite, comment expliques-tu son action ?

— Hélas, je ne peux te donner qu'une hypothèse.

— C'est mieux que de rester dans l'ignorance.

— D'accord. Tu as entendu parler des rats tueurs ?

— Non, jamais !

— Les rats tueurs émettent des sons qui détruisent le système nerveux d'autres rats. L'engin en question doit être basé sur ce principe. À la différence qu'il ne tue pas, mais paralyse* certaines fonctions du cerveau. Il atteint la conscience.

— Et transforme les gens en robots humains ?

— En quelque sorte.

— C'est horrible !

— Je ne te le fais pas dire. Maintenant, appelons le serveur, nous devons en savoir plus sur le père François. Monsieur ! S'il vous plaît ?

Le serveur s'approche.

— Vous désirez ?

— L'addition et un renseignement.

— Si je peux vous être utile..., dit le garçon.

— Certainement. Connaissez-vous bien le père François ?

— Comme tout le monde, répond le garçon dont le visage s'assombrit.

— Et sa fille ?

Un silence hostile* suit la question de Jean.

Puis, le serveur jette d'un air mauvais.

— Payez et allez-vous-en ! On n'a pas besoin de journalistes ici.

— Nous ne sommes pas journalistes, corrige Marc se décidant à parler.

— Peu importe ! Je n'ai rien à dire. Partez, ça vaut mieux pour vous.

— Écoutez, insiste Jean. Nous voulons vous aider.

Il a parlé un peu fort, et des regards se tournent vers eux. L'expression qu'il lit dedans est menaçante.

— Laissez-moi tranquille !

Le garçon a presque hurlé ces mots. Un homme se dirige vers eux : il est grand, massif*, vêtu d'un ciré* et chaussé de bottes.

— Vous avez entendu ou vous êtes sourds ?

Jean se lève, il n'a pas peur. Au contraire, il se sent capable d'affronter le Diable en personne. Pourtant, ils ne sont que deux et les types sont costauds*, habitués à se battre.

— Partons, murmure Marc.

— Tu as raison, dit Jean d'un ton méprisant. Ces gars sont inintéressants.

Il pose un billet sur la table et ils s'en vont. Mais le bagarreur les a suivis. Jean fait front. De près, l'homme est encore plus impressionnant.

— Répète un peu, dit-il. Alors, qu'est-ce que tu attends ?

— Ça ne vous va pas de jouer au dur*, répond Jean.

— Ah, oui ?

L'homme l'empoigne. Son visage est rouge de colère, son haleine sent l'alcool. Jean se dégage rapidement, évite un coup de tête, fait un croche-pied* à son agresseur et l'envoie mordre la poussière*. Ce combat a des spectateurs : les clients du café. Mais aucun n'intervient, sans doute parce que Marc n'a pas bougé non plus. Le pêcheur se relève, l'air mauvais.

— Je vais te réduire en bouillie*, déclare-t-il.

Jean comprend que l'affaire tourne mal. Il n'aime pas se battre et ne fait pas le poids*. Il se prépare à l'affrontement, quand une masse sombre bondit soudain avec un grognement. Il reconnaît le mystérieux chien noir. L'animal a saisi l'homme par un bras et s'y accroche comme à un os.

— Rappelez votre chien, hurle-t-il.

— Il n'est pas à nous, répond Marc. Je ne l'ai jamais vu.

La bête finit par s'écarter et vient s'asseoir devant Jean en signe de protection. Alors les jeunes gens s'en vont, le chien en arrière-garde, mais personne ne les suit.

Marc prend le volant de la voiture et démarre.

— Tiens, le chien court derrière nous, dit-il. Il est arrivé à pic celui-là !

— Oui, il surgit toujours au bon moment. Déjà l'autre nuit, sur la plage, il est venu à mon secours.

— Dis donc, reprend Marc. Tu ne trouves pas les gens agressifs* ? Ils étaient comme ça avant ?

— Pas du tout. C'est peut-être un effet secondaire de la machine...

Ils arrivent devant la maison quand Jean remarque :

— Le chien, il a disparu !

Marc regarde dans le rétroviseur.

— Tu as raison. Il s'est lassé de nous suivre.

Ils descendent de voiture, montent le perron. Marc cherche sa clé, quand Jean s'exclame :

— La porte, elle est entrouverte.

— Ça alors ! Je suis certain de l'avoir fermée.

Ils entrent et sentent aussitôt une forte odeur d'essence. Des journaux et des chiffons* sont répandus sur le sol.

— Que se passe-t-il ici ? s'écrie Marc.

À ce moment un « vlaouff », suivi du bruit d'une porte fermée brutalement, se font entendre.

— La porte de la cuisine, dit Marc en se précipitant.

Jean le suit et ils se figent devant les flammes qui s'élèvent vers le plafond.

— Vite, de l'eau, crie Marc.

— Surtout pas ! dit Jean. C'est du sable qu'il faut.

Tous deux se précipitent dans la cour et rapportent du sable qu'ils jettent sur le début d'incendie. Après deux ou trois seaux, le feu s'éteint et ils soupirent de soulagement*.

— Nous avons eu chaud, dit Jean.

— C'est le mot qui convient, répond Marc. Heureusement, nous sommes arrivés au bon moment.

— C'est sûrement le père François le responsable. Il faut le rattraper.

Ils se lancent à sa poursuite mais Marc
tombe et se tord la cheville.

— Continue sans moi, dit-il à Jean.

— Tu es sûr ?

— Oui, ce n'est pas grand-chose. Continue, il ne doit pas s'échapper.

— Bon ! Mais attends là. Ne fais pas
d'effort, surtout.

Jean reprend sa course. L'homme a de
l'avance et sait qu'il est poursuivi. Quelle
direction a-t-il prise ? Probablement vers la
plage ou les bois. Jean se décide pour la
plage. Parvenu au pied des dunes, il grimpe
sur la plus haute et essaie de repérer la silhouette connue. Quelques personnes sont
visibles : des promeneurs ou des pêcheurs ;
impossible de les distinguer à cette distance.
Cependant, un homme qui pousse un canot
vers la mer attire son attention.

Jean descend la dune à toute vitesse et
court dans sa direction. L'homme atteint
l'eau. Il monte dans la barque et met le
moteur en marche. Jean n'est plus qu'à
quelques mètres lorsque le canot s'élance sur
les vagues. Le sorcier aperçoit Jean.

— Dommage, dit-il d'une voix ironique.
Trop tard, malgré ce bel effort ! Mais rassu-
rez-vous, nous nous reverrons car nous avons
un compte à régler*.

— Bandit ! Vous allez payer, dit Jean.

Il avance en parlant, de l'eau à mi-cuisses, espérant saisir l'embarcation ; mais elle prend de la vitesse et échappe à sa main tendue.

— Ah ! Ah ! s'esclaffe le sorcier. Au revoir si le Diable le veut ! Malheur à ceux qui ont détruit mon laboratoire...

Et tandis que le canot s'éloigne, il ajoute :

— La mort de Josette sera vengée.

Ses derniers mots se perdent dans le bruit du moteur.

Jean fixe du regard la barque qui s'éloigne et finit par n'être plus qu'un point à l'horizon*.

« Pauvre fou », pense-t-il. Car l'océan est capable d'engloutir à jamais un inventeur-sorcier aveuglé par la haine*. Et il reste longtemps, sans bouger, à observer le bleu du ciel qui, au loin, se confond avec le bleu de l'eau.

❋ ❋ ❋

Quelques heures plus tard, Jean et Marc discutent avec le commandant de gendarmerie chez la mère Denise.

— Vous aviez raison, dit l'officier en portant un verre à ses lèvres. Nous avons trouvé dans la maison de ce cinglé des choses pas catholiques*...

La mère Denise ricane :

— Pour sûr. Un adepte du démon*, alors ...

Jean l'interrompt d'un geste.

— Le laboratoire ?

— Oh ! Il est en piteux état. Vous aviez fait le ménage. Non, je parle des amulettes*, de la chouette empaillée*, et j'en passe.

— Sans blague ? Vous avez trouvé ça où ?

— Dans la cabane, au fond du jardin.

— Mais, je n'ai pas vu de cabane ni de jardin !

— On y accède par un escalier extérieur derrière la maison.

— Tu n'as pas eu le temps de tout voir, dit Marc.

Il ajoute, s'adressant au commandant :

— Et la fameuse machine, vous l'avez faite analyser ?

— Pour ce qu'il en restait, oui. Cela n'a rien donné.

Denise toussotte.

— Vous pouvez me rendre le talisman, dit-elle à Jean. Vous n'avez plus besoin de protection.

Le gradé ouvre grand ses yeux.

— On se croirait au Moyen Âge, ma parole !

Dans l'esprit de Jean surgit alors l'image d'un chien noir, son sauveur par deux fois. Il ouvre la bouche pour en parler à Denise, mais se ravise. Après tout, c'est peut-être un simple chien qui l'a pris en affection. On ne doit pas voir du mystère partout, n'est-ce pas ? ...

FIN

PAGE 3

La Vendée : région française, au bord de l'océan Atlantique.

PAGE 4

Mon vieux : expression familière pour s'adresser à un ami. **Tant mieux :** c'est bien ainsi.

PAGE 5

Un marais salant : bassin creusé près de la mer pour extraire le sel de l'eau par évaporation. **Un monticule :** un petit tas. **Une fée :** femme imaginaire, possédant des pouvoirs surnaturels (personnage familier des contes pour enfants). **Sans queue ni tête :** qui n'a aucun sens, qui ne veut rien dire. **Un automate :** personnage animé par un mécanisme intérieur et qui imite les mouvements humains. **Envoûté :** qui est sous l'influence d'un effet magique.

PAGE 7

La lavande : plante aux fleurs bleues très parfumées. **Le mimosa :** petit arbre aux fleurs en forme de petites boules jaunes. **Les dunes :** collines de sable formées par le vent sur le bord des mers.

PAGE 12

Pressentir : prévoir quelque chose, le deviner avant qu'il se produise.

PAGE 14

Un mauvais sort : effet magique néfaste qu'un sorcier peut provoquer sur une personne. **Se suicider :** se donner soi-même la mort. **Noyé(e) :** mort(e) par asphyxie dans l'eau.

PAGE 16

Les mauvais esprits : êtres imaginaires et maléfiques qui se manifestent sur terre auprès des humains. **Vexer :** blesser quelqu'un par une parole ou une attitude.

PAGE 17

Une impression : une sensation qu'on ne peut pas expliquer. **Le ressac :** mouvement violent que font les vagues après avoir touché la côte ou un obstacle. **Un phare :** haute tour construite sur le bord de mer et qui émet des signaux lumineux pour guider les bateaux, la nuit. **Des enjambées :** de grands pas.

PAGE 18

Un grondement sourd : un son grave et peu sonore. **Un combat féroce :** une bataille cruelle. **Avoir le dessus :** gagner la bataille.

PAGE 20

Chacun récolte ce qu'il sème : chacun est responsable de ses actes.

PAGE 21

Des menaces : paroles pour faire peur à quelqu'un, l'intimider. **À vos risques et périls :** en sachant par avance que ce que l'on fait peut avoir des conséquences néfastes.

PAGE 23

Vaniteux : orgueilleux, prétentieux. **« La Forge de Vulcain » :** Vulcain était le dieu du feu et des métaux dans l'antiquité romaine.

PAGE 24

À l'improviste : d'une manière imprévue.

PAGE 26

Quatre à quatre : à toute vitesse (quatre marches par quatre marches). Un bric à brac : entassement d'objets divers et variés. Un tournevis : petit outil pour le bricolage. Des cornues : récipients utilisés en chimie. Des flacons soigneusement étiquetés : des petites bouteilles avec des étiquettes en indiquant le contenu. Un engourdissement : état du corps qui devient lourd, raide. Des éclairs : des traits de lumière brève et intense. La lucidité : la conscience, la raison. Rendre service : aider.

PAGE 27

Néfaste : mauvais, négatif.

PAGE 28

Mettre dans l'incapacité de nuire : empêcher de faire du mal. Jurant : en disant des jurons (des mots grossiers). Bon sang : expression familière exprimant ici à la fois la surprise et la contrariété.

PAGE 29

Diabolique : qui vient du diable.

PAGE 30

Un pandore : un gendarme. Une carpe : gros poisson de rivière.

PAGE 32

Apaisant : qui calme. Il explose : ici, il laisse éclater sa colère. Souffler dans le ballon : test

que l'on fait subir à une personne pour mesurer la
quantité d'alcool contenu dans son sang.

PAGE 33

Un mauvais génie : être imaginaire à l'influence
négative. **Tu mériterais une médaille :** on
devrait te féliciter. **Il a plus d'un tour dans son
sac :** il est malin, rusé. **Perdre du terrain :** recu-
ler, perdre de l'influence.

PAGE 34

Paralyser : empêcher de fonctionner, de bouger.

PAGE 36

Hostile : le contraire d'amical ou d'accueillant.
Massif : large, imposant. **Un ciré :** vêtement de
pêcheur en toile imperméable. **Costaud :** fort.

PAGE 37

Jouer au dur : faire croire que l'on est méchant.
Un croche-pied : manière d'accrocher la jambe
de quelqu'un avec le pied, pour le faire tomber.
Mordre la poussière : tomber. **Je vais te
réduire en bouillie :** je vais t'écraser. **Il ne fait
pas le poids :** il n'est pas à la hauteur, il n'a pas
les capacités nécessaires.

PAGE 38

Agressif : menaçant, violent.

PAGE 39

Des chiffons : des bouts de tissus. **Soupirer de
soulagement :** souffler quand on est rassuré.

PAGE 40

Avoir un compte à régler : s'expliquer violemment avec quelqu'un avec qui l'on est en conflit.

PAGE 41

L'horizon : la ligne qui semble séparer le ciel et la terre.

PAGE 42

La haine : le contraire de l'amour. **Des choses pas catholiques :** des choses bizarres, anormales. **Un adepte du démon :** un fidèle du diable. **Une amulette :** petit objet que l'on porte sur soi pour se protéger d'un danger ou du pouvoir magique de quelqu'un. **Une chouette empaillée :** oiseau nocturne qu'on a conservé après sa mort en remplissant sa peau de paille ; animal apprécié des sorciers.

Aubin Imprimeur

LIGUGÉ, POITIERS

IMPRESSION – FINITION

Achevé d'imprimer en juillet 1992
N° d'édition 10012092-II-(6) (OSB 80)
N° d'impression L 40815
Dépôt légal juillet 1992
Imprimé en France